이 저서는 2018년 대한민국 교육부와 한국연구재단의 지원을 받아 수행된 연구
임 (NRF-2018S1A6A3A03043497)

JOHN URRY

석유 이후

POST PETROLEUM

존 어리 지음 │ 김태희 옮김

앨피

모빌리티인문학은 기차, 자동차, 비행기, 인터넷, 모바일 기기 등 모빌리티 테크놀로지의 발전에 따른 인간, 사물, 관계의 실재적·가상적 이동을 인간과 테크놀로지의 공-진화co-evolution라는 관점에서 사유하고, 모빌리티가 고도화됨에 따라 발생하는 현재와 미래의 문제들에 대한 해법을 인문학적 관점에서 제안함으로써 생명, 사유, 문화가 생동하는 인문-모빌리티 사회 형성에 기여하는 학문이다.

모빌리티는 기차, 자동차, 비행기, 인터넷, 모바일 기기 같은 모빌리티 테크놀로지에 기초한 사람, 사물, 정보의 이동과 이를 가능하게 하는 테크놀로지를 의미한다. 그리고 이에 수반하는 것으로서 공간(도시) 구성과 인구 배치의 변화, 노동과 자본의 변형, 권력 또는 통치성의 변용 등을 통칭하는 사회적 관계의 이동까지도 포함한다.

오늘날 모빌리티 테크놀로지는 인간, 사물, 관계의 이동에 시간적·공간적 제약을 거의 남겨두지 않을 정도로 발전해 왔다. 개별 국가와 지역을 연결하는 항공로와 무선 통신망의 구축은 사람, 물류, 데이터의 무제약적 이동 가능성을 증명하는 물질적 지표들이다. 특히 전 세계에 무료 인터넷을 보급하겠다는 구글Google의 프로젝트 룬Project Loon이 현실화되고 우주 유영과 화성 식민지 건설이 본격화될 경우 모빌리티는 지구라는 행성의 경계까지도 초월하게 될 것이다. 이 점에서 오늘날은 모빌리티 테크놀로지가 인간의 삶을 위한 단순한 조건이나 수단이 아닌 인간의 또 다른 본성이 된 시대, 즉 고-모빌리티high-mobilities 시대라고 말할 수 있다. 말하자면, 인간과 테크놀로지의 상호보완적·상호구성적 공-진화가 고도화된 시대인 것이다.

고-모빌리티 시대를 사유하기 위해서는 우선 과거 '영토'와 '정주' 중심 사유의 극복이 필요하다. 지난 시기 글로벌화, 탈중심화, 혼종화, 탈영토화, 액체화에 대한 주장은 글로벌과 로컬, 중심과 주변, 동질성과 이질성, 질서와 혼돈 같은 이분법에 기초한 영토주의 또는 정주주의 패러다임을 극복하려는 중요한 시도였다. 하지만 그 역시 모빌리티 테크놀로지의 의의를 적극적으로 사유하지 못했다는 점에서, 그와 동시에 모빌리티 테크놀로지를 단순한 수단으로 간주했다는 점에서 고-모빌리티 시대를 사유하는 데 한계를 지니고 있었다. 말하자면, 글로벌화, 탈중심화, 혼종화, 탈영토화, 액체화를 추동하는 실재적·물질적 행위자agency로서의 모빌리티 테크놀로지를 인문학적 사유의 대상으로서 충분히 고려하지 못했던 것이다. 게다가 첨단 웨어러블 기기에 의한 인간의 능력 향상과 인간과 기계의 경계 소멸을 추구하는 포스트-휴먼 프로젝트, 또한 사물 인터넷과 사이버 물리 시스템 같은 첨단 모빌리티 테크놀로지에 기초한 스마트 도시 건설은 오늘날 모빌리티 테크놀로지를 인간과 사회, 심지어는 자연의 본질적 요소로 만들고 있다. 이를 사유하기 위해서는 인문학 패러다임의 근본적 전환이 필요하다.

이에 건국대학교 모빌리티인문학 연구원은 '모빌리티' 개념으로 '영토'와 '정주'를 대체하는 동시에, 인간과 모빌리티 테크놀로지의 공-진화라는 관점에서 미래 세계를 설계할 사유 패러다임을 정립하려고 한다.

차례

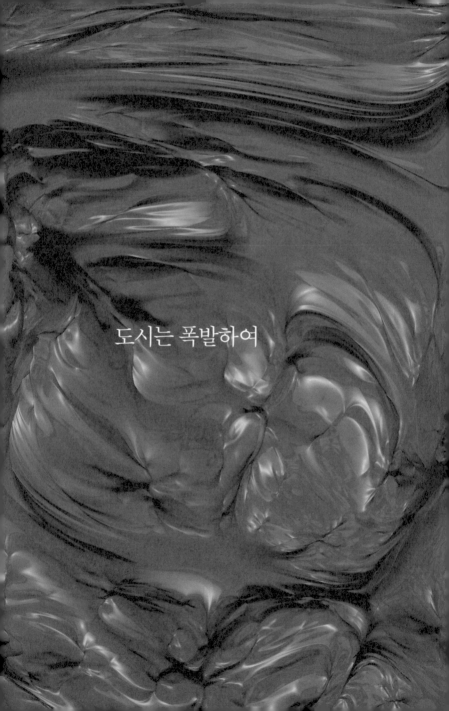

도시는 폭발하여

약탈의 회오리바람이 불었다.

뜨거운 공포의 바람.

그 남자가
인류를 먹여 살리기 시작했다.

도로는
하얀 선의 악몽이 지배했다.

가장 가차 없는 침입자만

살아남았다.

권력을 쥔
패거리들은

연료 컨테이너들이 질주하는
도로를 차지하기 위해

전쟁을 벌이기 시작했다.

이 부패의 소용돌이에서

보통 사람들은 부서지고 으스러졌다.

_ 영화 〈매드맥스〉 중에서

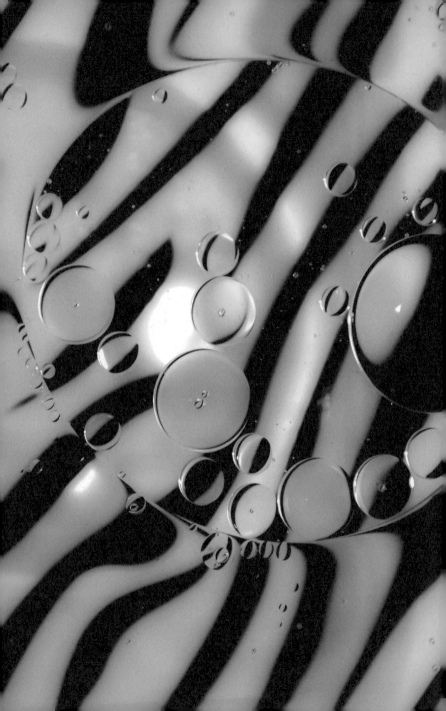

1

PETROLEUM

석유는 끝났다

석유는 대부분의 영역에서
기초적인 역할을 한다.
그러나 앞으로 몇 십 년 내에
고갈될 것이다.

이로 인해 미래에
우리가 생활하고
이동하는 방식은
어떤 영향을 받을 것인가?

01
사회적 현상의 배후인
에너지 이해하기

오늘날 사회는 어떻게 적정한 에너지 자원을, 특히 사람과 물건을 운송하는 데 필요한 에너지를 확보할 수 있는가? 그동안 사회과학은 경제적·사회적·정치적 현상의 배후에 있는 에너지 문제에 대해 충분히 생각하지 않았다. 경제학자 슈마허E. F. Schumacher의 유명한 책《작은 것이 아름답다Small Is Beautiful》에서 말하듯이, 에너지를 대체할 것은 없다. 현대사회라는 거대 구조는 에너지에 의존하고 있다. 에너지는 여러 재화 중 하나의 재화에 불과한 것이 아니라 (운송을 포함하여) 모든 재화와 서비스를 가능하게 하는 선결 조건이다.

1900년 이래로 인간 사회는 어마어마한 양의 에너지를 소비했다. 인류사의 그 이전 시기 에너지 소비를 모조리 합산한 것보다도 많은 에너지를 소비한 것이다.

유럽연합 내에서 큰 반향을 불러일으키고 커다란 영향력을 행사한 영국의 〈스턴 보고서The Stern Review〉에서 니콜라스 스턴Nicholas Stern 교수는 기후변화를 세계 시장의 최대 실패라고 했다.

두 번째 큰 문제는 이른바 피크오일peak oil |원유 생산량이 꾸준히 늘다가 정점에 도달한 후 급감한다는 이론_옮긴이| 이다. 이 두 가지 문제 모두 20세기 말에 심각해졌다. 특히 20세기 중에 화석연료 연소가 엄청나게 늘어났기 때문이다. 1995년 노벨화학상 수상자인 파울 크뤼천Paul Crutzen은 2000년에 인류세人類世·Anthropocene라는 새로운 개념을 제안하였다. 2세기 혹은 3세기 전부터 충적세沖積世를 대신하여 새로운 지질시대인 인류세가 시작되었다는 것이다. 인류세에는 인류의 활동이 다른 자연력에 버금가는 자연력이 되었다. 인류학자 그레고리 베이트슨Gregory Bateson은 환경을 파괴하는 유기체는 자신도 파괴한다고 지적한다. 따라서 우리는 인간 사회를 분리되거나 고립된 것이 아니라, (사회에 에너지를 제공하는 물질적 자원까지 포함하여) 물질적 자원을 소비하는 더 큰 무엇과 일체를 이루는 하나의 부분으로 여겨야 한다.

#02
새로운 사회:
기술 시스템의 탄생

미국 텍사스주 스핀들톱 벌판에서 세계 최초의 분유정噴油井
이 터져 나온 1901년은, 에너지 및 사회의 역사에서 새로운
비전을 만들어 낸 변곡점 중 하나였다. 땅에서 자라는 이 '검
은 금'을 보고 놀라는 사람들을 여실히 보여 주는 영화 〈데
어 윌 비 블러드There Will Be Blood〉는 그 비전을 정확히 포착
했다. 새로운 운송 수단의 연료가 될 수 있으며, 언뜻 보기에
자유로운 에너지원이라는 비전이었다. 1901년 말이 끌 필요
가 없는 운송 수단을 발전시키려는 전 세계적 실험의 황금기
가 시작되고, 겨우 3년 후인 1904년 라이트 형제가 세계 최초
비행에 성공했다.

우리는 이에 대하여 사회-기술 시스템의 관점에서 생각해
야 한다. 다시 말해 기술만 따로 존재하는 것이 아니라, 새로

운 기술을 둘러싸고 조직하는 사회적 구조와 실천이 한 덩어리를 이루어 존재한다는 것이다. 사람들의 습관이 강고하다는 것을 감안하면, 이 덩어리는 개인을 넘어서는 다양한 시스템의 여파로 보아야 한다. 이런 시스템은 한 번 정착되면 몇십 년 동안 잠금효과 |기존 시스템이나 상품 등에 묶여서 새로운 시스템이나 상품 등으로 전환이 어려운 현상_옮긴이| 를 얻는다. 잠금효과는 복잡계 경제학에서 유래한 중요한 개념이다. 이런 시스템은 한 번 실행되면 진화하고 변화한다. 따라서 어떤 평형점으로 움직이는 경향은 나타나지 않는다.

가령 우리가 자동차모빌리티automobility나 항공모빌리티aeromobility에 대해 말할 때는 항상 이와 동시에 경제 시스템, 물리 시스템, 기술 시스템, 정치 시스템, 사회 시스템에 대해서도 말하고 있는 것이다. 이것은 상호작용하는 수많은 요소가 서로 만나고 서로를 잠그는 사회-기술 시스템이다. 오늘날에는 상호 연결된 소프트웨어와 네트워크에 힘입어 이런 일이 일어난다. 이런 시스템 설계가 시간에 따라 전개되는 방식은 비선형적이고 예측 불가능하다.

03
미국:
고에너지 사회의 창설자

이 시스템은 놀라운 습관들을 엄청난 규모로 창조한다. 이러한 습관과 시스템의 교차야말로 특히 중요하다. 석유가 텍사스에서 발견된 것, 헨리 포드Henry Ford가 불과 몇 년 뒤에 자동차 대량생산을 시작한 것, 라이트 형제가 노스캐롤라이나주에서 최초의 비행을 한 것은 우연이 아니다. 19세기가 유럽의 세기였다면 20세기는 미국의 세기였다. 미국의 지배는 매우 값싸고 언뜻 보기에 무한한 석유 공급에 힘입은 바 크다.

미국 역사학자 데이비드 나이David Nye는 1929년 주식시장 대폭락, 대공황, 제2차 세계대전이라는 사건 사이에 의복, 식품, 주택, 모빌리티, 연료, 기후 통제, 무한성장을 뒷받침하는 고에너지 체제가 등장했고 이로부터 때 이르게 '히피' 대항문화가 출현했다고 서술한다. 그리하여 미국에서는 석유에 토대를 둔 탄소 배출량이 많은 여러 시스템이 나타났고, 그 결과 미국은 전 세계 에너지 소비량의 거의 4분의 1과 전 세계 이산화탄소 배출량의 거의 4분의 1을 차지하게 되었으며, 전 세계 부富에서 과도한 부분을 소유하게 되었다.

오늘날에도 전 세계 자동차의 3분의 1은 미국에 있다. 고에너지 시스템의 역사에서 미국은 특히 중요한 역할을 했고, 어떻게 보면 현대적 삶의 모델을 창조했다. 이 모델은 영화, 텔레비전, 문학, 특히 광고를 통해 영속성을 얻고 유럽, 남미, 아시아로 전파되었다. 지구의 수많은 사람이 공유하는 이 '역사'는 실로 석유의 역사이다. 다양한 유형의 모빌리티를 생각해 보면, 거의 모두 1901년 이후 땅에서 솟구친 저 '검은 금', 즉 석유에 의존한다.

#04
석유 기반 문명의
출현

캐나다 정치학자 토머스 호머-딕슨Thomas Homer-Dixon에 따르면, 검은 금은 사람·식량·공산품에 이르기까지 그야말로 모든 이동에 필요한 동력을 공급한다. 석유에 토대를 둔 문명이 출현했다. 석유는 지극히 다용도이고 편리하며 한때는 매우 저렴했기 때문이다. 석유는 저장할 수 있고 이동할 수 있다. 그리고 종종 태양 다음으로 좋은 에너지원이라고 일컬어진다. 다른 연료는 거의 모두 석유보다 에너지수지비율EROEI: Energy Return on Energy Invested |투입된 에너지에 대해 새로운 에너지를 수확 (생산)할 수 있는 비율_옮긴이| 이 현저하게 낮다. 그러나 태양과 달리 석유는 재생불가능한 자원이다.

석유는 에너지 밀도가 으뜸인 자원이지만 공급이 제한되어 있다. 따라서 가격이 오르거나 가용성이 급락할지도 모른다. 이런 독특한 특성 때문에 석유는 잠금효과로 우리를 가두고, 위험할 만큼 그것에 의존하게 만들었다. 주목할 만한 점은 (아마 북한을 제외하면) 거의 모든 사회가 석유에 의존한다는 것이다.

앞서 말했듯, 석유는 거의 모든 운송 수단에 에너지를 제공한다(프랑스 철도는 특기할 만한 예외이다). 석유만이 이동적 삶을 가능하게 한다. 이동적 삶은 (식품 운송에 필요한) 푸드 마일food miles |식품이 생산자에서 소비자에게 이르기까지의 이동 거리_옮긴이 | 에 의존할 뿐 아니라, 좋은 직장인·가족·친구가 되기 위해 필요한 '동료 거리', '가족 거리', '친구 거리'에도 의존한다. 영국 해군이 석탄 대신 석유를 쓰기 시작한 1910년대와 1920년대 이후 석유는 선박에도 동력을 공급해 왔다. 거의 모든 공산품이 석유에 의존한다. 뿐만 아니라 식품 생산에서도 석유는 중요한 요소이다. (후쿠시마에서처럼) 핵발전소 사고 등의 문제가 생기면 석유가 동력, 조명, 자원을 제공한다. 석유가 어떻게 쓰일지를 1901년에 미리 알았다면, 지금 여기까지 오게 되었을까? 나는 그렇지 않았을 것이라고 생각한다.

05
석유 이용은
점점 어려워진다

분유정을 속속 발견한 것은 이후 시대에 결정적으로 중요한 일이었다. 가장 중요한 시기는 1960년대이다. 이때 (북해를 포함해) 어마어마한 유전의 발견이 절정에 달했다. 그 후 1960년대와 같은 시기는 다시는 없었다. 두 가지 사실에 주목해야 한다. 첫째, 어떤 의미로는 모든 일이 시작된 곳이라고 할 수 있을 미국의 경우, 원유의 하루 소비량은 증가했으나 놀랍게도 최근에는 그렇게까지 엄청나게 증가하지는 않고 있다. 이는 어느 정도는 미국 자동차 연비가 차차 높아졌기 때문이다.

둘째, 아주 최근까지 미국산 석유 공급이 크게 감소해 왔다. 미국산 석유 공급은 1970년대에 정점을 지났다. 한때 세계 최대 산유국이던 미국은 이제 세계 3위에 그친다. 1975년 이래로 미국은 석유 소비량의 75퍼센트까지도 수입하고 있다. 미국 국방부 비밀보고서에 따르면, 미국의 피크오일을 두고 많은 우려와 논쟁이 있었으며 석유 이후의 미래와 관련한 흥미로운 실험이 몇 가지 이루어졌다. 미국의 외교 정책은 30년이나 40년 동안 자국 석유 가용량 감소가 가져올 여파를 의식하고 있었던 것이다. 또 다른 보고서는 석유 매장량이 정점에 달하는 현상에 대해 에너지 감소 시기가 도래했다고 서술한다. 오늘날에는 석유가 4배럴 소비될 때마다 1배럴만 '발견'된다. 이 비율이 바야흐로 10대 1이 될 것이라고 내다보는 사람도 있다. 거대 유전들은 반세기 전에 발견된 것이다. 국제에너지기구IEA의 수석 이코노미스트 파티 비롤Fatih Birol은 원유 생산이 2006년에 정점에 도달했다고 말한다. IEA가 석유 생산에 대해 늘 낙관적이었다는 것, 그래서 석유 정점이 10년이나 20년 후에야 올 것이라고 예측했다는 것을 감안하면, 이것은 놀라운 추정이다. 정유회사의 많은 전현직 임원은 "무난한 석유"는 끝났으며 현재 소비 속도라면 길게 잡아야 40년 정도 후에는 고갈될 것이라고 말한다. 그래서 "무난한 석유"에서 "까다로운 석유"로 전환한 것이다.

그중 하나의 예는 타르샌드tar sand이다. 정유 업계에서는 이것을 '오일샌드'라고 부른다. 오일샌드라는 명칭이 재미있는 것은 이것이 실은 기름이 아니라 타르이기 때문이다. 이 타르를 자동차, 비행기, 배의 연료로 쓸 수 있는 실용적 액체로 만들려면 막대한 에너지가 필요하다.

06
경제위기에서
석유의 역할

흔히 우리는 석유 부족이 미래 사회에 영향을 미치겠지만 현재 사회에는 영향을 주지 않을 것이라고 생각한다. 그러나 나는 값싼 석유의 매장량 한계에 의해 경제와 사회가 이미 영향을 받고 있음을 보여 주려 한다. 2007~2008년의 경제 및 금융위기는 석유 매장량 감소와 유가 상승이 촉발한 것이다. 이 위기는 (매우 복합적인 현상을 간단히 풀어 말하자면) 대규모 부동산 투기와 자금 리스크가 광범위하게 발생한 것이다. 특히 저렴한 토지와 (흔히 서브프라임이라고 불리는) 저렴한 대출, 저렴한 석유에 의존하는 미국 교외 지대에서 일어났다. 이와 관련된 몇 가지 사건 때문에 부동산 가격은 계속 오를 것처럼 보였다. 2006년 미국 역사학자 로버트 브레너Robert Brenner는 금융투기가 전 세계적 부동산 광풍을 유발했다고 진단했다. 몇몇 추산에 따르면, 주요 경제권에서 부동산 총가

치는 5년간 30조 달러 상승했다. 전 세계 GDP가 63조 달러임을 감안하면 충격적인 수치이다. 자산가치 상승이 전 세계 GDP의 거의 절반에 이르렀다는 뜻이다.

이런 자산가치 급등은 2000년대 중반 유가 상승과 더불어 수그러들기 시작했다. 1990년대 중반부터 2000년대 중반까지 원유 가격이 배럴당 10달러에서 147달러로 올랐다. 몇 가지 원인이 있는데, 미국의 수많은 정유시설을 강타한 허리케인 카트리나와 리카도 하나의 원인이다. 이에 따라 부동산 가격이 하락하기 시작했고, 특히 저유가에 의존해 온 외딴 교외 지역에서 그랬다. 경제 전문가 제임스 머레이James Murray와 영국 국가과학기술자문위원회 위원장 데이비드 킹David King이 저술한 흥미로운 보고서에 따르면, 이 금융위기는 그야말로 석유 위기다. 석유 위기가 우리가 겪고 있는 불황을 야기한 것이다.

07
석유 의존성을
뒤집을 수 있을까?

석유 관련 이슈는 언제나 큰 영향을 미치는 것처럼 보인다. 1929년 이후 세계 최대 규모의 경제위기가 터진 것은 참으로 의미심장하다.

그렇다면 앞으로는 어떨까? 석유에 기반을 둔 이 모든 시스템과 습관은 변할 것인가? 어떤 새로운 시스템이 발전할 것인가? 우리가 목도하고 있는 것이 일시적 문제가 아니라 근본적 전환 혹은 시스템 변화인지 아닌지를 어떻게 알 수 있을까?

우리는 미래에 대해 이야기할 때 '새로운 기술'에 관심이 많다. 그러나 기술이 독자적으로 발전한다고 생각하는 것, 혹은 기술이 자신이 그리는 이미지대로 경제적·사회적 경관을 변형한다고 생각하는 것은 오해다. 이런 변화는 수많은 예상

하지 못한 부정적 결과를 가져올 수 있다. 그 이유는 기술이 언제나 경제적·사회적·정치적 삶과 겹쳐 있기 때문이다. 다소 도발적으로 말한다면, 기술은 비즈니스 모델과 사회학적 모델 양자에 기초한다. 나아가 기술은 이 두 모델을 필요로 하지만, 기술이 실제로 활용 가능한지 여부는 온갖 흥미롭고 생산적인 사회적 이용에 달려 있다.

일반적으로 말해, 미래는 대개 예측 가능하다. 대부분의 시스템이 잠금효과의 영향을 받기 때문이다. 그러나 변화가 빠른 속도로 일어날 수도 있다. 변화는 어떻게 일어나는가? 대부분의 경우 이러한 변화는 단지 하나의 시스템에서 다른 시스템으로의 전환이 아니다. 이동통신과 일반 전화의 사례를 보자. 새로운 원거리 통신 시스템은 기존 시스템과 병행하여 발전한다. 그러면서 기존 통신 패턴을 단지 대체하는 것이 아니라 변형시킨다.

그래서 나는 탈석유 이후의 사회에서 일어날 수 있는 네 가지 시나리오를 그려 보았다.

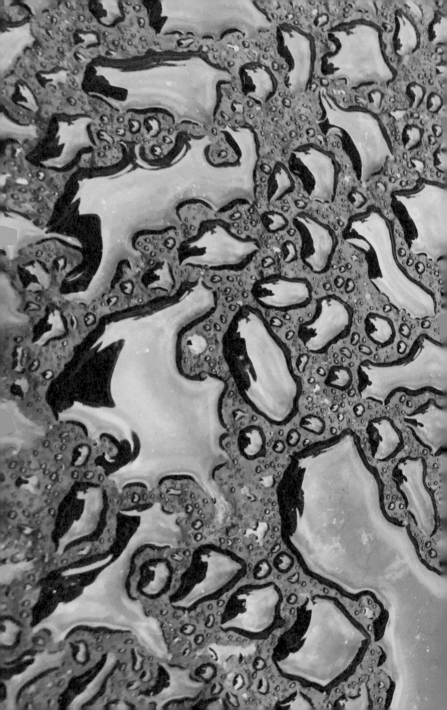

2

PETROLEUM

4개의 시나리오

특효약이 듣는
미래

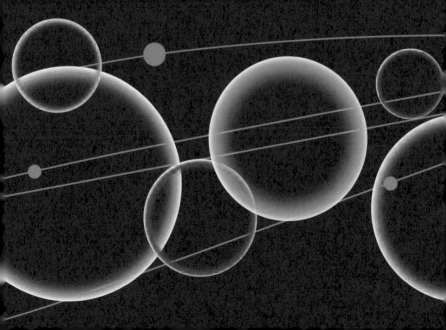

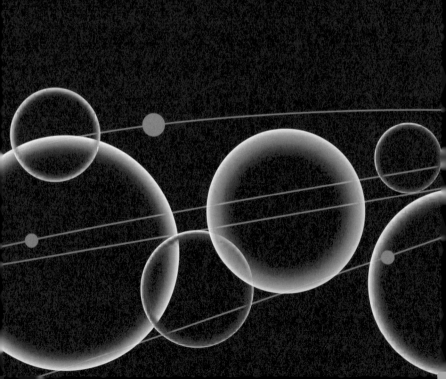

첫 번째 시나리오는 모든 문제를 단번에 해결하는 "특효약이 드는 미래"라고 이름 붙였다. 경제적·사회적·정치적 문제는 주로 대규모 모빌리티를 중심에 두고 돌아간다. 그리고 대규모 모빌리티의 95퍼센트는 석유 기반 시스템에 의존한다. 이 첫 번째 시나리오에서는 새로운 경제적·사회적·정치적 시스템의 일부로서 어떤 사회-기술적 대안이 발전할 것이다.

다시 말해, 석유 매장량 고갈 문제를 우회하도록 하는, 실행 가능한 대안 에너지원을 찾을 수 있다는 것이다. 이 새로운 자원과 그것의 기술적 시스템은 서구의 과잉이동적 라이프 스타일을 더욱 심화시키고 지구 전체로 확산시킬 것이다. 에너지 자원에의 접근 문제와 온실가스로 인한 지구온난화 문제는 해결될 것이다. 이런 시스템의 전개와 확산은 1901년

스핀들톱에서 처음 석유 매장지를 발견했던 것, 곧 그로 인해 가히 상품과 사람의 영구운동을 가능하게 만들었던 일에 비견할 수 있다. 또한 그러므로 운송 인프라 접근성으로 결정되는 사람들의 이동 능력은 사회적 불평등의 주요 원인이 될 것이다.

그러나 새로운 자원을 지구적 규모에서 도입하는 것은 에너지의 관점에서 흥미롭기는 하지만, 조직 및 사회 시스템의 근본적 변형이 필요하다. 1990년대 후반부터 수많은 저술가들이 한 가지 마법의 해결책에 대해 온갖 예측을 내놓았다. 그것은 바로 수소 기반 사회다.

수소는 우주의 75퍼센트를 차지하고 이론적으로는 거의 무제한으로 청정에너지를 제공할 수 있다. 하지만 밀도가 낮고 자연 상태에서 순도가 낮기 때문에 활용이 쉽지 않다. 수소 생산(너무 비싸고 해롭다) 및 운송(기본적으로 까다롭다)의 제약 때문에, 점점 희소해지는 석유의 대안으로서 수소가 실행 가능하려면 새로운 사회-기술적 시스템이 확립되어야 한다. 이것이 우리가 아직 석유에서 수소로의 전환을 시작하지 않은 이유이자, 수소가 여전히 틈새 기술로만 남아 있는 이유일 것이다. 오늘날 여러 사회적·기술적·경제적 이유 때문에 수소 기반의 사회-기술적 해결책이 발전하는 것은 여전히 어려워 보인다.

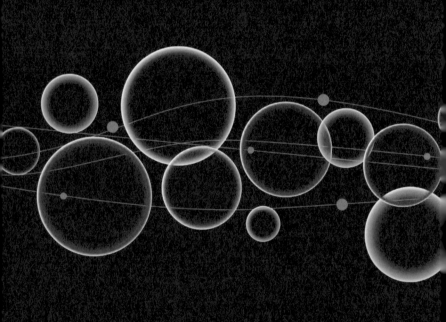

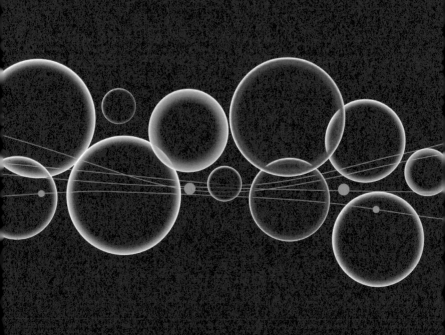

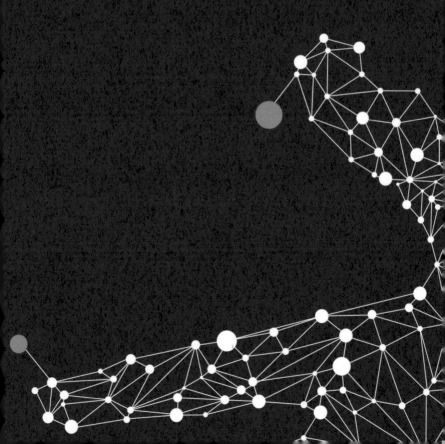

＃ 02

디지털의
삶

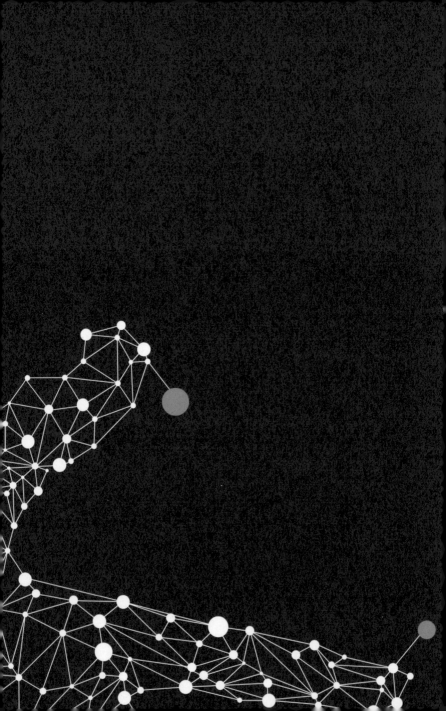

두 번째 시나리오도 첨단 기술에 의한 해결책이다. 이 시나리오는 디지털 기술이 엄청나게 발전하여 디지털의 삶이 현실의 삶을 대체할 수 있어야 한다. 이러한 미래에는 이동이 점점 불필요해질 텐데, 특히 장거리 이동이 그렇다. 만일 내가 '회합성meeting-ness'이라고 부르는 대면 만남 없이 업무상 교류, 사회적 교류, 가정의 교류 등이 이루어진다면, 이런 삶은 어떤 모습일까? 이것은 스카이프skype나 비디오 컨퍼런스를 훌쩍 뛰어넘는 정도의 변화이다. 삶 자체가 디지털이 된다. 가상 만남과 대면 만남의 구분이 사라지고, 사람들은 물리적으로 이동하지 않아도 직업적 관계나 개인적 관계를 풍부하게 맺을 수 있게 될 것이다.

우리는 3D 프린터라는 흥미로운 기술을 연구한 적이 있다.

일상용품을 만들 수 있고 맞춤형으로 주문 제작할 수도 있는 기술이다. 3D 프린터의 원재료는 분말이기 때문에 쉽게 변형하거나 저장할 수 있어서 낭비도 훨씬 줄일 수 있다.

각 지역에 맞는 디자인으로 지역 환경에 잘 적응하는 물건을 제작할 수 있다. 더 이상 필요하지 않은 원재료와 물건을 재활용하여 잔이나 모니터 등 새 물건을 만들 수 있다. 현장에서 프린트할 수 있고, 소비자가 자기 프린터를 이용해 스스로 물건을 만들 수도 있다. 영국 바스Bath대학에서 개발한 '렙랩RepRap 프린터'는 일종의 자기복제 프린터다. 이론적으로는 한 대의 프린터로 여러 대의 프린터를 만들 수도 있다. 이 프린터는 비교적 작고 또 비교적 작은 물건만 만들 수 있다. 물론 여러 가지 물건을 프린트하여 조립하면 복잡한 물건도 만들 수 있다.

이런 기술은 일종의 진화하는 시스템이다. 우리는 3D 프린터의 활용 가능성을 연구하기 위해, 이 기술과 관련된 사람들을 조직하여 이 시나리오에 대한 워크숍을 열었다. 요즘 우리가 집에 프린터를 갖고 있는 것처럼, 언젠가 모든 사람이

3D 프린터를 가지게 될까? 아니면 업무 지구에 있는 프린트 전문점에서 전문가의 조언을 받아 그와 공동으로 상품과 디자인을 만드는 방식이 될까?

아마도 지역 곳곳에 대형 프린트 전문점이 생겨날 것이다. 신생 회사들이 운영하는 전문점에서는 대규모 생산도 가능할 것이다. 그리고 이러한 프린트 전문점은 물건을 컨테이너에 담아 지구를 가로질러 나르는 화물 운송 시스템에 의존하지 않을 것이다. 오늘날에는 컨테이너 1만 8천 개를 적재하는 최신형 컨테이너선 덕분에 전대미문의 대규모 물류 이동이 일어나고 있다. 현지 생산의 가능성은 무한하다. 3D 프린터로 만드는 물건은 디지털 가상 세계의 일부다. 물론 여기에도 여전히 에너지가 들고 그밖의 비용이 들기는 하겠지만.

또 다른 의문은 화면을 통해 소통하는 것이 좋은 일인가라는 것이다. 또 이런 화면은 그저 관념에 머물 것인가, 아니면 유의미한 도구가 될 것인가? 어쨌든 이와 같은 삶 자체의 디지털화가 두 번째 가능한 시나리오다.

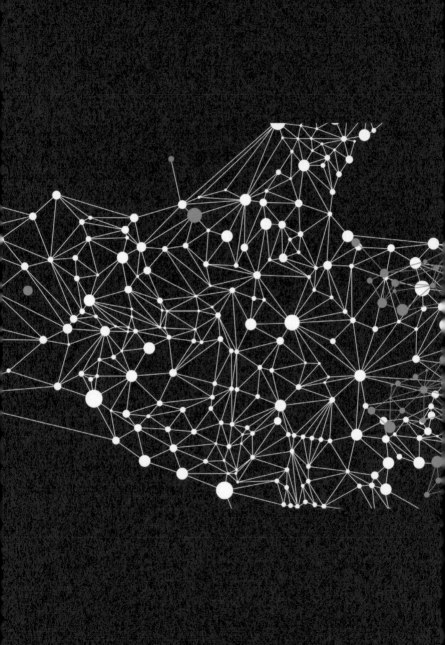

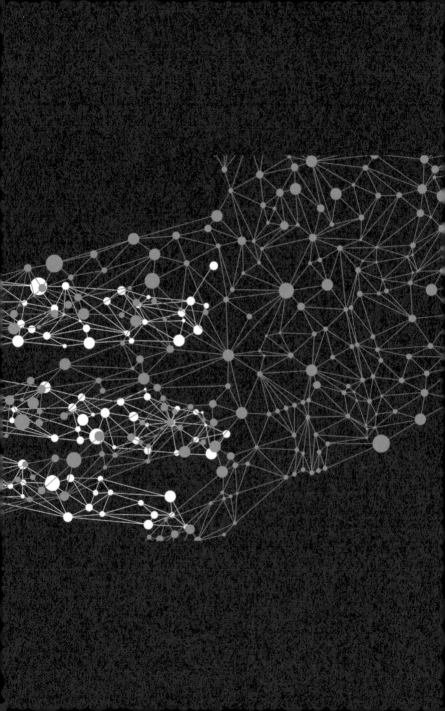

03

플러그 뽑기:
자동차 이후 사회

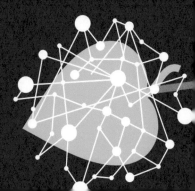

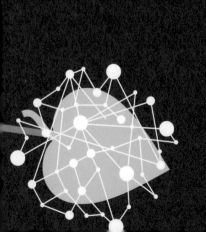

나는 다른 글들에서 이 세 번째 가능성에 대해 이미 말한 바 있고, 사회학자 미미 셸러Mimi Sheller도 이에 대해 글을 썼다. 그 가능성은 자동차 이후의 사회다. 나는 《자동차 이후After the Car》에서 공저자인 킹즐리 데니스Kingsley Dennis와 어떤 대안 시스템이 가능할지 상상해 보았다. 물론 이 대안 시스템 안에서 (모터, 재료, 가격, 가격 체계, 도시설계 등의) 다양한 기술적 요소들은 우리의 예측과 다를 수도 있다. 이런 요소들이 하나의 시스템 안으로 수렴할 수 있을지는 여러 저술가들이 "자동차 시스템의 틈"이라고 부른 것에 달려 있다. 이러한 전환을 분석하는 프랑크 헤일스Frank Geels와 그 동료들이 쓴 매우 흥미로운 책에서는 자동차 시스템의 여러 틈들을 탐구하면서 몇몇 나라에서 자동차 문화가 이미 영향력이나 지배력을 잃었음에 주목한다.

여러 가지 자료를 보면, 미국에서 자동차가 하루 동안 이동하는 거리는 안정세를 유지하고 있다. 2000년대 중반에 처음 나타난 이런 일은 역사의 변곡점일 수 있다. 지리학자인 아담 밀라드볼Adam Millard-Ball과 리 쉬퍼Lee Schipper는 '이동 정점peak travel'이라는 새로운 개념으로 자동차 이동의 규모가 왜 정체되고 있는지를 설명한다.

자동차 이후의 저탄소 시나리오는 이보다 더 광범위한 발전 모델과 결합할 것이다. 사람들의 삶은 더 '지역적'이고 덜 이동적이게 될 것이다. 나는 '플러그 뽑은' 사회의 특징을 몇 가지 보여 주려 하는데, 이는 현재 사회에서 에너지 사용 증가에 대해 앞서 논의한 것과 연관된다. 탄소 배출량은 1950년대 이후 기하급수적으로 늘어났는데, 특히 1970년대 이후에 급증했다. 우리는 석유의 가격 및 가용성 때문에 장래에 큰 문제가 생길 것을 잘 알고 있다. 그렇다면 이러한 추세를 되돌릴 수는 없을까?

우리는 지금보다 훨씬 '지역적인' 삶을 상상해 볼 수 있다. 동네 친구들과 어울리면서 이동을 덜 하고 일자리도 집 근처에서 찾는 것이다. 대학 진학자도 크게 줄어들고 따라서 해외 유학생도 크게 줄 것이다. 우리는 그때그때 살 수 있는 제철음식을 살 것이다.

상품과 서비스를 현지에서 쉽게 생산하는 방식을 상상해봐도 좋겠다. 예를 들어, 지금이라면 노트북 부품을 꼭 사야 한다면 우리는 달나라까지도 갈 것이다. 그것을 여기에서 구할 수는 없을까? 아마 3D 프린터와 연동하면 가능하리라.

마지막으로 우리는 사회적 지위에 대해 다시 생각해야 한다. 여행, 다른 곳을 구경하는 일, 다른 곳에 사는 사람을 아는 일 등이 바람직하다는 관념을 버려야 한다. 그래야 이런 식의 국제적인 삶을, 훨씬 가치 있는 지역적 삶으로 어느 정도 대체할 수 있다.

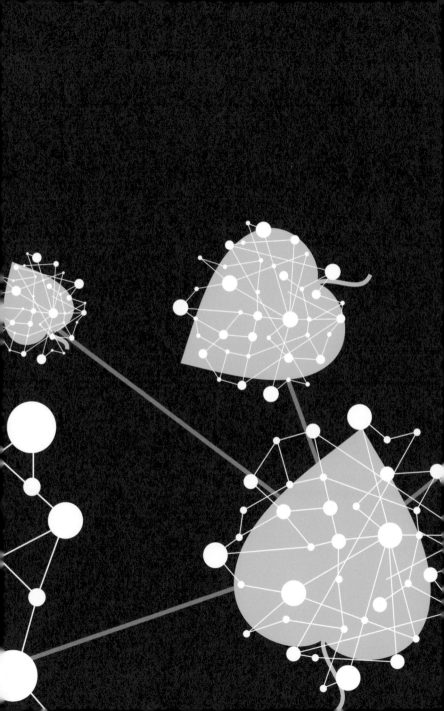

#04

궁핍한 세계를
지배하는
군벌주의

네 번째 시나리오를 나는 '군벌주의'라고 부른다. 이 시나리오에서는 극단적인 날씨 때문에 석유, 가스, 물 등이 부족해진다. 미국에서 가장 중요한 기후변화 분석가인 제임스 핸슨James Hansen은 세계화를 가능하게 했던 것들(모빌리티, 에너지, 통신, 상호 접속 등)이 모두 허물어질 수 있다고 말한다. 한낱 탄소 소비량 감소를 훌쩍 뛰어넘는 붕괴로 인해서 지역으로의 회귀, 즉 탈세계화가 필요해진다. 이러한 생각에 대해 현재 숱한 토론이 벌어지고 있다. 이 새로운 시스템에서는 갑부들만 이동할 수 있을 것이다. 어쩌면 이들은 민간 우주탐사 기업 버진 갤럭틱Virgin Galactic에서 제공하는 우주여행 표를 벌써 샀을 수도 있다! 이미 이런 여행이 가능하다. 이 시나리오는 군벌들이 각 지역을 지배한다는 홉스적 디스토피아를 전망하는 것이다.

2009년 영국 BBC의 인기 프로그램인 10시 뉴스에 '퍼펙트스톰Perfect Storm'이라는 코너가 있었다. 당시 이 프로그램에서는 영국 국가과학기술자문위원회 위원장 존 베딩턴John Beddington이 제공한 증거를 이용하여, 2030년 전에 재앙적인 폭풍이 일어날 확률을 보여 주었다. 미증유의 힘을 지닌 이 폭풍으로 인해 음식과 물이 부족해지고 걷잡을 수 없는 기후변화가 일어날 것이라는 전망이었다. BBC는 현재의 시스템에 대해 서술하면서, 이 시스템을 뒤집지 않으면 일련의 재앙이 차례차례 일어날 거라고 예상했다. 전 세계 인구의 대다수가 더욱 빈곤과 기아에 시달리고 이동을 덜 하게 되며 희소한 자원에 더욱 의존하게 될 것이며, 이런 사태가 모든 사회를 엄습할 것이다. BBC 뉴스에서 〈매드맥스 2〉를 보도한 것이다!

전직 나사NASA 과학자이자 가이아 가설 |지구를 환경과 생물로 구성된 하나의 유기체로 소개한 이론_ 옮긴이| 의 창시자인 제임스 러브록James Lovelock은 이렇게 말했다. "우리 문명은 이런 운명이다. 인구가 급감하고 극소수 생존자는 군벌들이 지배하는 몹시 뜨거운 사회에서 살게 될 것이다." 이런 말을 들으면 물론

석유 결핍과 이로 인한 분쟁을 다룬 영화 〈매드맥스 2〉가 떠오를 것이다. 실제로 '재앙의 시나리오'라고 부를 만한 것이 2003년부터 쏟아져 나왔다. 영국 왕립협회 전 회장인 마틴 리스Martin Rees 경은 《우리의 미래 세기(우리의 마지막 시간) Our Future Century(Our Final Hour)》라는 책에서 인간 종이 이 세기를 살아남을 확률이 50퍼센트에 불과하다고 했다.

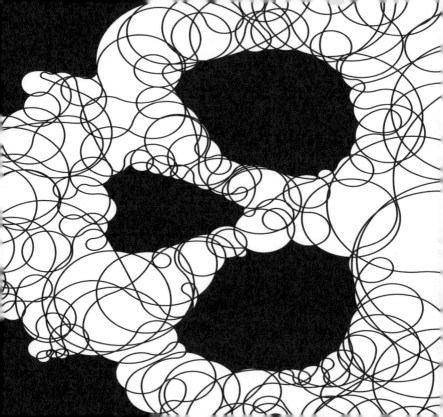

3

...?

결론

기름투성이
세계
앞에서

지금까지 네 개의 시나리오를 그려 보았다. 기적의 해결책, 디지털의 삶, 플러그 뽑기, 군벌주의가 그것이다. 이것들은 모두 내가 '석유 문제'라고 명명한 것에서 귀결되는 가능성이다. 마음껏 사용할 수 있는 값싼 석유를 중심으로 사회가 조직된 것, 바로 그 문제에서 극심한 불평등이 생겨난다. 예를 들어 나이지리아에서는 어마어마한 양의 석유가 생산되지만 국민 대다수는 이것을 쓸 수 없다. 그러나 석유는 중요하다! 석유, 석유 부족, 유가 변동을 중심으로 돌아가는 것은 모두 엄청난 영향을 미친다. 석유 파동이 일어날 때마다 금융위기가 뒤따른다. 이런 일은 점점 자주 일어나고 있다. 바로 유가 상승 때문이다. 석유를 시장가격으로 지속적으로 공급하는 일은 쉽지 않다. 이 '검은 금'과 관련한 불안정성과 투기 때문이다. 유조선은 가장 좋은 가격에 석유를 배달할 곳을 찾기 위해 종종 앞바다에서 대기한다.

2006년 무렵의 피크오일이 2007~2008년에 일어난, 1929년 이후 최대 경제위기에 영향을 미쳤다는 증거는 명백하다. 지구에서 가장 중요한 전략자원이 바로 석유이므로, 전 세계 기업가와 군부 지도자는 석유 분배와 구입에 몰두한다(여담이지만, 전 세계에서 교통수단을 가장 많이 보유한 것은 미군이다).

앞서 말한 것처럼, 석유는 아마 분쟁을 가장 많이 일으키는 자원일 것이다. 석탄과 달리 석유는 아무 곳에서나 채굴할 수 없다. 석유는 금처럼 엄청난 수익과 경제적 번영을 가져오며, 금보다 훨씬 유용하다. 모든 나라가 자기 땅에 석유가 매장되어 있더라도 자기가 쓸 석유를 다른 곳에서 가져오려고 한다.

분명한 사실은 이 '검은 금'이 미래에는 충분하지 않다는 점이다. 그리고 기후변화와 관련하여 더 충격적인 사실은 이 자원을 여러 국가들에 공평하게 분배할 책임을 진 국제기구가 없다는 것이다. 이런 일은 힘과 돈에 달려 있을 뿐이고, 누가 석유를 제일 많이 차지하려 드는가에 달려 있을 뿐이다.

화석연료 이후의 시스템 건설?

결정적인 문제는 대안이 없다는 것이다. 설령 있다고 해도 이를 발전시키려면 수십 년이 걸릴 것이다. 그럼에도 불구하고 나는 이 글의 모두에서부터 대안 시스템을 발전시키고 유지해야 한다고 주장했다. 복잡계 경제학자 브라이언 아서Brian Arthur의 말은 의미심장하다. "새로운 시스템으로의 혁명이 일어나려면, 이 기술들을 둘러싼 우리의 활동을 재조직하고 이 기술들이 우리에게 적응해야 한다." 이동통신의 역사야말로 이 말을 입증하는 최신 사례다. 새로운 시스템은 신뢰를 얻어야 하고 분명한 목적과 용도를 찾아내야 한다. 그러려면 몇 년이 아니라 몇 십 년이 걸린다. 그러는 동안 낡은 기술은 계속 생존하면서 자기 역할을 해 나가다가 마침내 새로운 기술에 의해 대체된다.

이 글을 마치면서 나는 1970년 초의 미래학자 버크민스터 풀러Buckminister Fuller를 인용하려 한다. 1970년대는 추측과 실험에 매우 유리한 시기였다. 풀러는 있는 현실과 싸워서는 아무것도 바꿀 수 없다고 말했다. 무언가를 바꾸려면 새로운 모델을 만들어야 하는데, 그것은 시간이 지나면 현재 모델을 한물 간 것으로 만들어 버릴 모델이다. 나는 이에 대해 깊이 생각해 봐야 한다고 믿는다. 어떤 모델이 그럴 수 있을까? 나는 19세기 말과 20세기 초의 자동차 모빌리티에 큰 관심을 기울이게 되었다. 그 시절 사람들은 자신들이 발전시키는 것이 무엇인지 잘 알지 못했다. 그러나 그들은 새로운 자동차 모빌리티 모델로 옮겨 가고 있었고, 이는 말이나 철도에 의한 모빌리티 시스템에 커다란 영향을 미쳤다. 자동차는 말과 철도를 대체하기 위해 일부러 도입된 것이 아니다. 당시 출현한 자동차 시스템은 이후 결정적으로 중요하게 되었지만, 진실로 미리 계획한 것은 아니었다.

그렇다면, 21세기에 사람들을 화석연료 이후의 새로운 시스템과 새로운 사회적 관습으로 이끌어 갈 어떤 것이 출현할 것인가? 이것이 우리가 답하고자 하는 주된 물음이다.

"있는 현실과 싸워서는 아무것도 바꿀 수 없다.
바꾸려면 새로운 모델을 만들어야 한다.
시간이 지나면
지금의 모델을 한물간 것으로 만들어 버릴
그런 모델을."

_ 버크민스터 풀러

JOHN URRY

POST

PETROLEUM

CONTENTS

1 ILLUSION

2 4 SCENARIOS

3 ...? CONCLUSION

THE CITIES EXPLODED

A WHIRLWIND OF LOOTING

A FIRESTORM OF FEAR

MAN BEGAN TO
FEED ON MEN

ON THE ROADS IT WAS A WHITE LINE NIGHTMARE

ONLY THOSE MOBILE
ENOUGH TO SCAVENGE

BRUTAL ENOUGH TO PILLAGE
WOULD SURVIVE

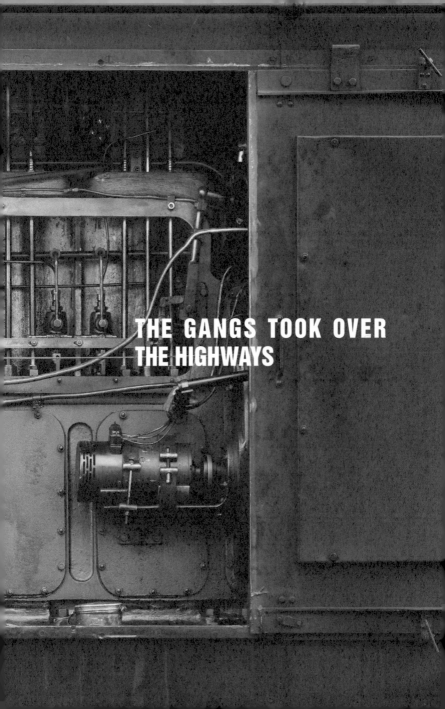

THE GANGS TOOK OVER
THE HIGHWAYS

READY TO WAGE WAR

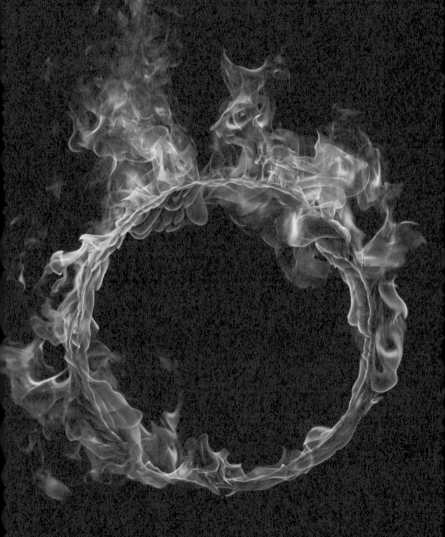

FOR A TANK OF JUICE

AND IN THIS MAELSTROM OF DECAY,

ORDINARY MEN WERE BATTERED AND SMASHED.

(EXTRACTED FROM MAD MAX 2)

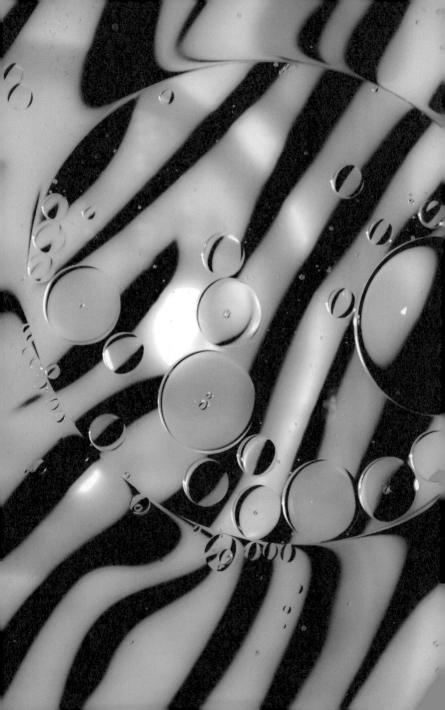

1

PETROLEUM

ILLUSION

OIL IS FUNDAMENTAL
TO MOST ASPECTS
OF CONTEMPORARY
SOCIETIES. YET,
IT WILL RUN OUT
IN THE COMING
DECADES.
WHAT IMPACT
WILL THIS HAVE
ON THE WAY WE LIVE
AND MOVE
IN THE FUTURE?

#01
UNDERSTANDING THE ENERGISATION OF A SOCIAL PHENOMENON

How do societies today succeed in securing adequate energy resources, in particular energy for transporting people and objects? Generally speaking, the social sciences have not thought enough about the energy issues behind economic, social and political phenomena. Following the economist E. F. Schumacher states in his famous book *Small Is Beautiful*, there is no substitute for energy; the whole edifice of modern society depends on it. It is not one good among others, but rather is the sine qua non of all goods and services, including, of course, transport.

Since 1900, human societies have used extraordinary amounts of energy —more than all of human history prior to that point.

In a very influential British report entitled "The Stern Review", which also fuelled discussion within the European Union, Nicholas Stern called climate change the greatest failure the world market has ever known.

The second greatest problem is peak oil. Both developed towards the end of the 20th century, as a result of a dramatic increase in the burning of fossil fuels especially during the twentieth century. In 2000, Nobel prize-winner Paul Crutzen introduced the idea that a distinct new geological period—the Anthropocene (subsequent to the Holocene)—wherein human activities became a force of nature on a par with any other, began two to three centuries ago. Anthropologist Gregory

Bateson points out that an organism that destroys its environment destroys itself. We should therefore not think of human society as separate or isolated, but as an integral part of something larger, consuming material resources, including those providing energy to societies.

#02
THE BIRTH OF A NEW
SOCIO-TECHNICAL SYSTEM

In the history of energy and societies, a pivotal moment
came in 1901, when the world's first oil gusher burst
forth fromthe ground in Spindletop, Texas. This was
one of those pivotal moments that generates a vision.
The film *There Will Be Blood*, which shows people's
amazement upon seeing this "black gold" spouting
from the ground, captures this vision of a seemingly
free energy source, capable of fuelling new means of
transport. 1901 marked the beginning of the golden
age of worldwide experiments aimed at developing
horseless vehicles. By 1904, only three years later, the

Wright Brothers had conducted the world's first air flight.

We should think of this in terms of socio-technical systems. In other words, there is not only technology but sets of social arrangements and practices that surround and structure new technology. When we consider people's habits, we must see them as the result of a variety of systems that extend beyond the individual. Once established, these systems can become locked-in over decades. This is an important concept derived from complexity economics. Once these systems are implemented, they can evolve and change. Hence, there is no tendency to move towards a point of equilibrium.

When we talk about automobility or aeromobility, for instance, we are also talking about economic, physical, technological, political and social systems. They are sociotechnical systems in which a number of interacting elements come together and get locked-in. Today, this occurs due to interrelated software and networks. These systems have a sort of design that can be non-linear and unpredictable in terms of how they develop over time.

#03
UNITED STATES: FOUNDERS OF AN ALL-ENERGY SOCIETY

These systems create extraordinary habits on a mass scale. It is the intersection of these habits and systems that are particularly important. It is no accident that oil was discovered in Texas, nor that Henry Ford started massproducing cars just a few years later, nor that the Wright Brothers' first air flight took place in North Carolina. If the 19th century was European, then the 20th century was American. American dominance was largely influenced by an extremely cheap and seemingly limitless oil supply.

American historian David Nye describes the emergence of a high-energy regime of textiles, food, housing, mobility, fuel, climate control, limitless growth and what was to become a precocious "hip" counter-culture, during the interval period between the Crash of 1929, the Great Depression and the Second World War. The result was the US's development of a number of high-carbon and mostly oil-based systems. In turn, this resulted in the consumption of nearly one quarter of the world's energy, the production of nearly a quarter of all carbon dioxide emissions and a disproportionate share of global wealth possessed by the US.

Even today, a third of the world's cars can be found in the US. In the history of high-energy systems, the US has played a particularly important role and, in some ways, created the model for modern life—a model perpetuated through film, TV, literature and advertising in particular. This then spread to Europe, South America and Asia. This "history"—one shared by many of us across the planet—is really that of oil. If we consider the various types of mobilities, almost all depend on oil, that 'black gold' spouting from the ground since 1901.

04
THE EMERGENCE OF AN
OIL-BASED CIVILISATION

As Thomas Homer-Dixon writes, black gold powers virtually all movement of people, foodstuffs and manufactured goods. There has been the emergence of a civilization founded on oil, it's remarkably versatile, practical and once extraordinarily cheap. It is storable, mobile and is often said to be the best source of energy after the sun. Almost all other fuels have a much lower EROEI (Energy Return On Energy Invested) ratio. However, unlike the sun, oil is a non-renewable resource.

Oil is therefore the most energy-dense resource, but its supply is limited. Hence, prices can increase and availability decrease rapidly. In other words, these unique traits have locked us in, dangerously binding us to oil. What is remarkable is that almost every society (except maybe North Korea) depends on it.

As we mentioned above, it provides almost all transport energy (the French railways being a striking exception). Only oil makes mobile lives possible. Such lives depend not only on food miles (necessary for the distribution of foodstuffs), but also on collegial, family and friendship miles, all of which are necessary for being a good employee, family member and friend. It has also powered ships since 1910s and 20s, when the British Navy switched from coal to oil. Almost all manufactured goods depend on it. It is also a crucial component of food production. When things go wrong, when a nuclear power plant malfunctions, for example

—like in Fukushima—oil is there to provide power, lighting and resources. If we had known in 1901 how oil would be used, wouldwe have ended up where we are? I do not think so.

#05
INCREASING DIFFICULTIES
IN THE USE OF OIL

The discovery of oil gushers over time is very striking when considered by successive periods. The most important decade was the 1960s, when the discovery of immense oil fields—including in the North Sea— reached its peak. No other decade since then has been like it. Two important things distinguish it. First, in the US, where it more or less all began, actual use of crude oil per day has risen but, surprisingly, not so significantly more recently in part as American cars became increasingly fuel-efficient.

Second, there had been until very recently a major decline in the supply of oil produced in the US. Production reached its peak in 1970, and the US, once the world's largest oil producer—is now the third. Since 1975, it had imported up to 75% of its oil supply. Secret Pentagon papers reveal that there was much concern and debate about this US oil peak, which led to some interesting experiments with regard to post-oil futures. One might say that American foreign policy was aware of the consequences of a decline in domestic availability for three to four decades. Some describe this peaking of oil as a period of energy decline. Today, for every four barrels consumed, only one is "discovered". Some people say this ratio will soon be 10 to 1. The largest oil fields were discovered half a century ago. Fatih Birol, chief economist for the International Energy Authority (IEA), says crude oil production peaked in 2006. That is a surprising estimate given that the IEA has always been optimistic about oil production and predicted that its peak would come in a decade or two. Many oil executives and ex-oil executives have talked about the end of "easy oil" and the fact that, at best, we have 40 years of oil left at the current rate of use. So, we have shifted from what many describe as "easy" oil to "tough" oil.

One example of this is that of tar sands, or what the oil industry calls oil sands. This is an interesting way of describing something that, in reality, is not oil at all, but rather tar that requires a great deal of energy for it to be made into a viable liquid that can fuel the world's cars, planes and boats.

#06
THE ROLE OF OIL IN THE CURRENT ECONOMIC CRISIS

We often think that this oil shortage will affect future societies, not today's. However, I try to show that the potential limits of cheap oil are already impacting upon contemporary economies and societies. The economic and financial crisis that began in 2007-08 was triggered by declining oil stocks and increasing prices. What happened—to simplify an extremely complex phenomenon—was that large-scale real estate speculation and funding risks, especially in the American suburbs which depended on cheap land, cheap mortgages (often called subprime) and cheap petrol, took place on extensive tracts. The intersecting processes made it seem like real estate prices would continue to climb. In 2006, American historian Robert Brenner spoke of financial speculation as triggering a worldwide real-estate mania. According to some calculations, the total value of real estate in major economies rose by $30 trillion dollars in five years. This is a staggering figure when one considers that the world GDP is only $63 trillion. This means that the increase in property value accounted for almost half of global GDP.

This rapid increase began to unravel as oil prices went up in the mid-2000s. From the mid-90s to mid-2000s, the price of a barrel of crude oil rose from $10 to $147 a barrel for several reasons, including hurricanes Katrina and Rita, which hit a number of US refineries. Real estate prices then started falling, especially in remote suburbs that depended on cheap oil. In an interesting paper written by economist James Murray, and David

King, chief scientific advisor to the UK government, they state that this financial crisis was, above all, an oil crisis, helping to trigger the recession we still experience.

#07
CAN OIL-DEPENDENCY
BE DELETED?

It seems that oil-related issues have already had a major impact. Setting off the world's biggest economic crisis since 1929 is really significant. So what about the future? Can all these oil-based systems and habits be changed? Will a new system develop? How do we know if we are witnessing a fundamental shift or system change, versus a temporary blip?

In talking about the future, we are obviously interested in "newtechnologies". But it is a mistake to think that technologies develop endogenously, or that they simply transform the economic and social landscape in their own image. These changes can have many unexpected and adverse consequences, in part because technology always overlaps with economic, social and political life. I like to say, somewhat provocatively, that these technologies depend on both a business model and a sociological model. While they require both, their viability however depends on all kinds of interesting and productive social uses.

In general, futures tend to be predictable because many systems are locked-in. Yet, change can happen quickly. How do things change? Most of the time, it is not merely a question of switching from one system to another. If we take mobile communications and landlines, we have the case of a new telecommunications system developing alongside the existing one and transforming existing communication patterns, rather than a simple substitution.

So I tried to develop four possible scenarios for a post-oil society.

2

PET~~ROL~~EUM

4 SCENARIOS

01

THE MAGIC
BULLET FUTURE

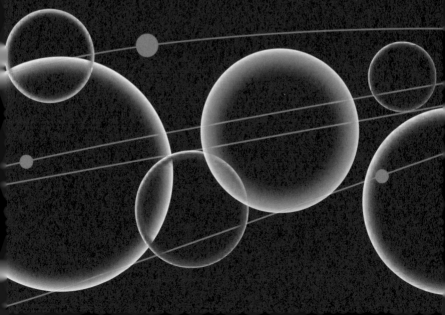

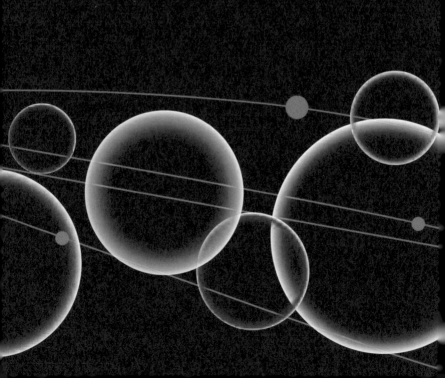

The first is what I call the "magic-bullet solution", which would solve all the problems at once. Economic, social and political matters revolve mainly around large-scale mobilities, 95 percent of which are dependent on oil-based systems. In this scenario, a socio-technical alternative will develop as part of a new economic, social and political system.

This implies that we can find a viable alternative energy source that will allow us to circumvent the problems posed by the depletion of oil supplies. This new resource and its technological system would strengthen hyper-mobile Western lifestyles and spread them all over the planet. The issue of access to energy resources and global warming due to rising greenhouse gas emissions would be potentially solved. The implications of the development and spread of this systemon our society would be comparable to the discovery of the first oil reserves in Spindletop in 1901, allowing for a quasi-perpetual movement of goods and people. Therefore, people's ability to be mobile, determined by access to transport infrastructures, will become a major source of social inequalities.

Nonetheless, the implementation of a new resource on a global scale, however interesting from an energy standpoint, would require a fundamental transformation of organisational and social systems. Various authors from the late 1990s began to speculate about a miracle solution—a hydrogen-based society. But while hydrogen makes up 75 percent of our universe and could, in theory, provide an almost unlimited, non-polluting source of energy, the low density of the gas and the impurity of its natural state limit its use. The constraints relative to its production (too expensive and harmful) and transport (inherently impractical) would require the implementing of a new socio-technological system to make it a viable solution to the growing scarcity of oil. This ismost likely why we have not yet started the transition fromo il and why hydrogen remains a niche technology. Today, for a variety of social, technological and economic reasons, the development of hydrogen-based socio-technological solution still seems unlikely.

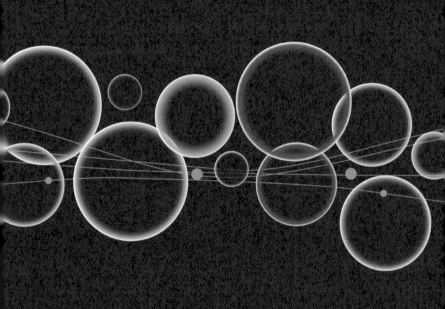

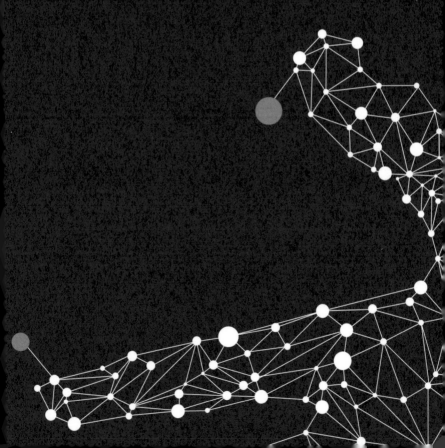

02

DIGITAL LIVES

The second scenario is also based on a high-tech solution, but, in this case, would involve the massive development of digital technology, to the point where digital life replaces real life. In this future there would be less and less need to travel, especially long distances. What would such a life be like if business, social and family exchanges no longer involved face-to-face meetings, or what I like to call "meeting-ness"? This obviously goes far beyond even Skype or video-conferencing. Life itself would become digital. There would be no distinction between virtual meetings and face to face meetings. People could have extensive professional and personal relationships without ever actually having to move physically.

We undertook research on an interesting technology— 3D printing—whereby it would be possible to make everyday objects, customise them and produce them on demand. You could modify and save on raw materials, since the raw material for 3D printing is powder. There would be very little waste.

The designs could be locally adapted to suit specific environments. The raw material and objects themselves could be recycled once they were no longer needed; we could make new products—another glass or computer screen—using them. Printing could be done on site, and consumers could make things themselves using their own printers.The RepRap printer, developed at Bath University, is a sort of self-replicating printer so that, theoretically, one can generate several printers from one. These are relatively small, and can only generate relatively small objects, although if you print a lot of different objects and put them together, then it is possible to produce complex goods.

A scenario workshop was organised with people involved in these technologies, which I see as more of an evolving system, where we tried to identify possible uses of 3D printing. Will everybody have a 3D printer, like the printers people have in their own home today? Or will there be local print shops in business areas where people can get advice or co-create products and designs?

Most likely, there will be local, large print shops with large-scale production owned by emerging businesses. They will no longer depend on freight systems where in objects are transported by container across the globe. New container ships now carry 18,000 containers making this the largest movement of objects the world has ever known.

The possibilities for local production are endless. 3D printed objects are part of the digital and virtual world. Of course they will still require energy and will not be free of other types of costs.

Another question remains whether or not it is a good thing to communicate with others via a screen, and if the screen will remain a concept or relevant material. So this is the second possibility – a kind of digitisation of life itself.

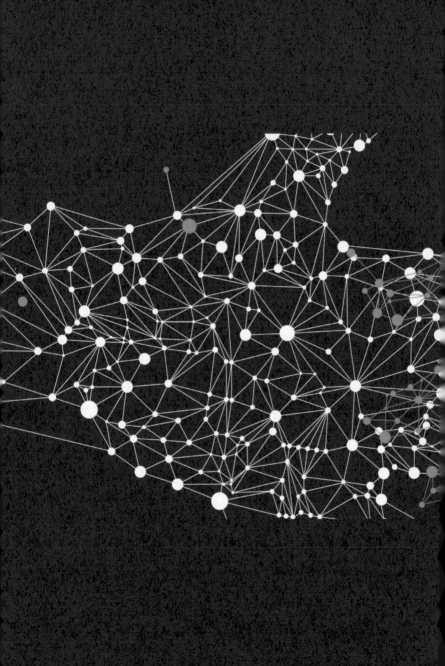

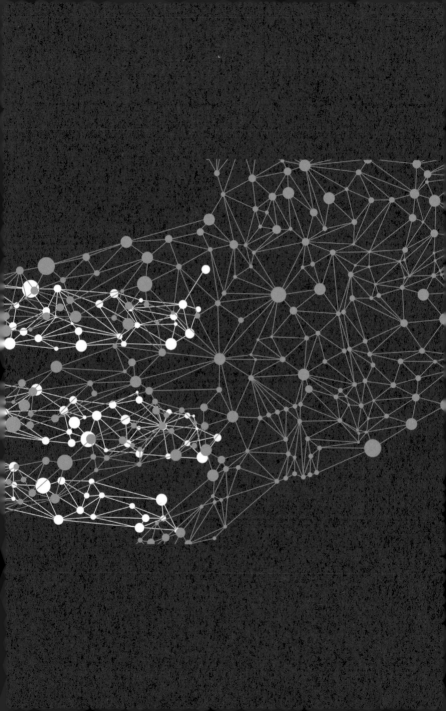

03

UNPLUGGING: A POST-CAR SOCIETY

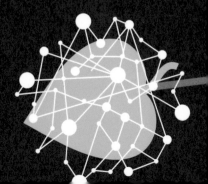

I have already discussed the third possibility in other works, and about which sociologist Mimi Sheller has also written: a post-car society. In my book *After the Car*, Kingsley Dennis and I tried to imagine what an alternative system would look like, one wherein a variety of more or less technological elements—including motors, materials used to manufacture cars, prices, pricing systems, neighbourhood layouts, etc.—would change. The likelihood of these elements converging into a new system depends on what various authors have called "cracks in the car system". In a very interesting book by transitions analyst Frank Geels and others, the authors explore many of the cracks in this system, and the fact that in some countries, car culture no longer seems to be as influential or dominant.

Various data showthat the number of kilometres travelled by car per day in the US seems to be plateauing. This initially occurred in the mid-2000s and could prove to be a pivotal moment in our history. Geographers Adam Millard-Ball and Lee Schipper developed the notion of peak travel and try to explain why the scale of motoring has stabilised.

The lower-carbon, post-car scenario must also be connected with other broader development models. People's lives will become more "local" and less mobile. I amtrying to show some of the possible characteristics of an "unplugged" society, which relates to what I discussed earlier, regarding the increase in energy use in contemporary societies. Carbon emissions have increased exponentially since the 1950s, but especially since the 1970s. Would it be possible to turn back, particularly given that we know oil prices and availability are likely to be problematic in the future?

As such, we could consider much more "local" lives, wherein we would get together with friends in our neighbourhoods, move less and try to find jobs closer to home. There would be a substantial decrease in university studies, and thus foreign students. We would buy our food seasonally, based on availability.

It is interesting to think about how goods and services could be produced easily and locally. For example, we would go looking for parts for a typical laptop even if it meant travelling to the moon and back. So how on earth will this be possible? Perhaps this is something that could be coupled with 3D printing.

Finally, we should have to rethink social status and move away from the ideas that travelling, seeing other places and knowing people who live elsewhere are desirable. It would be necessary to some how substitute this cosmopolitan life with amore highly valued local one.

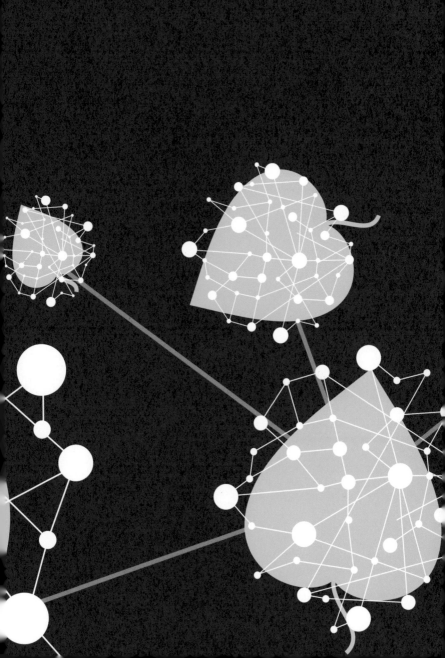

04

WARLORDISM
IN A WORLD
OF SHORTAGES

The fourth scenario, what I like to call "warlordism", is where societies are characterised by frequent oil, gas and water shortages due to extreme weather events. American climatologist James Hansen, probably the US's most important climate change analyst, has written about the probability and possibility of breaking with everything that has made globalisation possible – mobility, energy, communications and interconnections. This break, more than a mere decrease in carbon consumption, would necessitate a return to the local, a deglobalisation, an idea increasingly present in debates. In this new system, only the very rich would be able to travel. I imagine you have already bought your ticket for space travel with Virgin Galactic! This is now possible. This is a kind of Hobbesian dystopic vision of warlord-dominated regions.

In the UK in 2009, there was a segment on the BBC's popular ten o'clock news entitled the "Perfect Storm".

Using evidence provided by John Beddington, chief government scientific advisor at the time, the report demonstrated the possibility and probability of a catastrophic storm taking place sometime between now and 2030. This storm of unprecedented force would result in food and water shortages as well as runaway climate change. The BBC report spoke of systems and suggested that, without reversing them, a chain of catastrophic events was likely to unfold, leaving much of the world's population poorer, less mobile, hungrier and more dependent on scarce resources. All of society would be affected by these developments. It was a kind of *Mad Max 2* appearing on the BBC news!

Former NASA scientist James Lovelock, formulator of the Gaia hypothesis, said: "So is our civilization doomed and there would be a massive decline in population leaving a few survivors in a torrid society ruled by warlords". Of course you will recall that *Mad*

Max 2 was about oil shortages and ensuing conflicts. Indeed since 2003 there has been a proliferation of what we might call disaster scenarios. In his book *Our Future Century (Our Final Hour)*, Lord Martin Rees, former president of the UK's Royal Society, says the chances of the human race surviving the current century are about one in two.

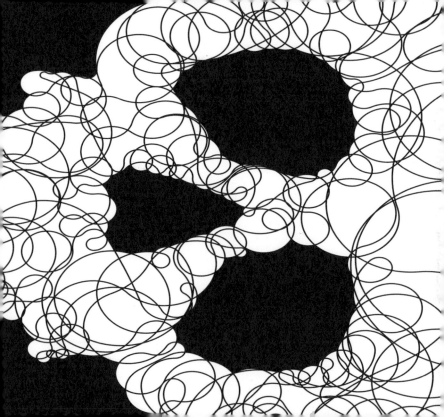

3

...?

CONCLUSION

FACING
A WORLD
OF OIL DREGS

I have set out four possible scenarios: the miracle solution, digital life, a powering down and a warlord future. All of these possibilities stem from what I call "the problem of oil", whereby societies are organised around the availability of cheap oil in huge quantities. This involves high levels of inequalities, as in Nigeria, for instance, where much oil is produced but where much of the population does not have access to it. But oil matters! Everything that revolves around oil, oil shortages and price fluctuations has a considerable impact. Every time an oil shock occurs, a financial crisis follows. This is happening more and more also because of rising oil prices. Continuously delivering oil at market prices is difficult due to the fluctuations and speculation that govern black gold. Tankers often wait off shore to find out where to deliver their oil at the best price.

There is clear evidence that the peaking of oil around 2006 contributed to the greatest global economic crisis since 1929. If oil becomes the planet's most strategic resource, then its distribution and acquisition will occupy the world's business and military leaders (incidentally the world's largest fleet of vehicles belongs to the US military).

As we have already seen, oil is probably the resource that generates the most conflict. Unlike coal, oil cannot be found just anywhere. It offers huge returns and economic prosperity—like gold, but ultimately is much more useful. All societies get their oil somewhere else, even if they have their own supplies of it.

It is obvious that this "black gold" will be insufficient for the century to come and, more strikingly, with regard to climate change issues, that there is no international organisation charged with ensuring fair distribution of this resource within countries. It is simply a question of power, money and who will get the most oil.

Building a post-fossil fuel system?

Ultimately, there is no Plan B. Or if there is, it would take decades to develop. What I have been stressing from the beginning is the importance of developing and sustaining alternative systems. I think what complexity economist Brian Arthur said is very revealing: "a revolution in the new system does not arrive until we reorganise our activities around these technologies and those technologies adapt themselves to us." The history of mobile communication is a recent example of exactly this. The new system must gain prestige, find a purpose and uses. This takes decades, not years. Meanwhile, the old technology lives on and continues to play its role, before being replaced by the new.

To conclude, I quote Buckminster Fuller, a futurist from the early 1970s. The 70s were a very interesting time for speculation and experimentation. Fuller said that you never change anything by fighting the existing reality. To change something, you need to build a new model that, over time, comes to make the existing models obsolete. I think it is worth thinking about that. What could it be? I have become very interested in late-19th and early-20th century automobility. At the time, people did not know what they were developing, but in fact theywere bringing into being the new automobility model with many implications for horse-based travel and rail systems. It was not actually intended as a substitute; the emerging car-system ended up as crucially important yet this was not really envisaged in advance.

So what could emerge in the 21st century that would lead populations into a new post-fossil-fuel system and new social practices? That is the major question for us to attempt to answer.

"You never change thing
by fighting the existing reality.
To change something,
build a new model that makes
the existing model obsolete."

_ *Buckminster Fuller*

석유 이후

2021년 1월 29일 초판 1쇄 발행

지은이 | 존 어리
옮긴이 | 김태희
펴낸이 | 노경인 · 김주영

펴낸곳 | 도서출판 앨피
출판등록 | 2004년 11월 23일 제2011-000087호
주소 | 우)07275 서울시 영등포구 영등포로 5길 19(양평동 2가, 동아프라임밸리) 1202-1호
전화 | 02-336-2776 팩스 | 0505-115-0525
블로그 | bolg.naver.com/lpbook12
전자우편 | lpbook12@naver.com

ISBN 979-11-90901-16-1